Orpheus in the Underpass

Gabriel Rosenstock
Ross McKessock

Perhaps even now
he is singing a song;
indeed his eyebrow
seems to indicate
the sense of what he sings,

and his robe changes colour with his movements . . .

Philostratus the Younger

haiku © Gabriel Rosenstock—photos © Ross McKessock—this edition © Mathew Staunton

published in OX4 by The Onslaught Press on Piano Day, March 29, 2017—ISBN: 978-1-912111-70-1

an gcloisir mé
mise atá ann, oirféas . . .
tá téada mo ghutha caillte agam

can you hear me
it is i orpheus . . .
i have lost my vocal cords

téada m'uirlise
iad go léir scriosta . . .
an spéir scriosta

the strings of my instrument
all shattered . . .
the sky shattered

caith bonn im' threo
naigín vadca . . .
meangadh fann

throw me a coin
a naggin of vodka . . .
a sickly smile

cá bhfuil do thriall
bhfuil tusa leis á lorg . . .
abair a hainm, eoraidícé

whither goest thou
are you too in search of her . . .
say her name, eurydice

ag rith as am
as anáil
as éigse

running out of time
out of breath
out of poetry

síos síos síos
síos síos
síos ionam féin

down down down
down down
down into myself

cén áit í seo . . .
gan radharc ar dhair
ar shnag breac

what place is this . . .
not an oak tree in sight
nor a magpie

an gcloisim fuil
im' chuislí
conas? ní hann dom' chroí níos mó

      is it blood i hear
      coursing through my veins . . .
      how? my heart has flown

cá bhfuil mo chroí
an bhfaca éinne é
ar thóg sise é—eoraidícé

where is my heart
who has seen it
has she taken it—eurydice

an mhuir a chloisim
muir guthanna . . .
muir bhuile

the sea it is i hear
a sea of voices . . .
frenzied sea

gan réalt
gan ghrian gan ré
bhain sí soir díom agus bhain sí siar díom

no stars here
no sun no moon
she has taken east and west from me

gan boladh na cré
na bhfíonghort ná na meala . . .
mún stálaithe

no smell of earth
of grapes or honey . . .
stale piss

niamhrach an fhís
a bhí agam d'eoraidícé . . .
sular bhuail sí le satair

beautiful the vision
i had of eurydice . . .
before she met the satyr

amadán ag búiríl
ar fán i measc scáileanna . . .
anamacha ar strae

a bellowing fool
wandering among shadows . . .
lost souls

déanfadsa uirlis
den bhruscar seo . . .
seinnfead is canfad arís

i will make me an instrument
from this debris . . .
play again, sing

ach cá bhfuil mo ghuth . . .
frog piachánach
i dtobar gan réalt

but where is my voice . . .
a hoarse frog
in a starless well

mé oirféas
gealach os cionn an tsáile
dob ea mo mheangadhsa tráth

i am orpheus
my smile was once
moonlight across oceans

líonadh mo gháire
an t-aer . . .
colúir ag bualadh sciathán

my laughter
filled the air . . .
flapping pigeons

ní léir dom mé féin . . .
ní fheicim ach falla
is scáth dóite ann

i cannot see myself . . .
only a shadow
burning the wall

guthanna guthanna
cad atá agaibh á rá . . .
cén ghibris í seo

voices voices
what is it you say
what gibberish is this

bhfuil sibhse leis á caoineadh
eoraidícé . . .
caoin a hainm

do you weep for her too
for eurydice . . .
weep her name

dá dtarlódh . . .
dá dtarlódh go gcaillfinn thú
is tú a dhearúd

                    if it happened . . .
                    that i lost you
                    and forgot you

an taibhreamh a bhí ionat . . .
sa satair
ionamsa

were you a dream . . .
was the satyr a dream
was i

cén fhaid eile
a eoraidícé, bhfuil críoch . . .
bhfuil deireadh leis seo

how long more
eurydice, will it end . . .
is there no end

gan tús gan chríoch
gan chríoch gan tús . . .
talamh aineoil

no beginning no end,
no end no beginning . . .
no man's land

i m'aonar i measc guthanna
mo theanga caillte agam . . .
mo laoi

alone among voices
i have lost my language . . .
my song

táim stiúgtha . . .
ná tairg uibheacha éan dom
ámh

a gnawing hunger . . .
but do not offer me
the eggs of birds

na coiscéimeanna sin
an fíor-choiscéimeanna iad . . .
an leatsa iad

      those footsteps
      are they real . . .
      are they yours

cruthóidh mé uirlis
buidéil bhriste . . .
coiscíní úsáidte

i will make me an instrument
broken bottles . . .
used contraceptives

nach álainn
mar a scrábáladh t'ainm . . .
graifítí

how beautifully
your name is scrawled—
graffiti

cloiseann na clocha mé . . .
tá cluasa
ar na clocha féin

the stones hear me . . .
the very stones
have ears

gabh mo leithscéal
an bhfuil cógaslann in aice láimhe . . .
ospidéal

excuse me
is there a pharmacy nearby . . .
a hospital

bhí tráth ann
fadó fadó . . .
mhealladh mo lir na hainmhithe

there was a time
a long time ago . . .
animals flocked to my lyre

cá bhfuilir dom' threorú . . .
an ceoltóir sráide a bheidh ionam
i réaltbhuíon aineoil

where do you lead me . . .
am i to be a busker
in an unknown galaxy

chuala mé á rá . . .
is milis é an biolar
i nGleann na nGealt

i have heard it said . . .
the cress is sweet
in Gleann na nGealt

lonraíonn léas
an drúcht é nó speirm . . .
ramallae

a light shines
is it dew or sperm . . .
snail slime

ba éan mé
ba néal
faraor, duine

    i have been a bird
    a cloud
    alas, a man

nár éist na déithe féin
lem' dhuanta . . .
tá cógaslann uaim

did not the gods themselves
give ear to my song . . .
must get to a pharmacy

nimfeacha . . .
a n-amhrán mar thionlacan
le cith gréine

nymphs . . .
their song
accompanying a sun-shower

cloisim
i mbun sróinínteachta iad . . .
francaigh na bhféasóg

i can hear them
nuzzling one another . . .
whiskered rats

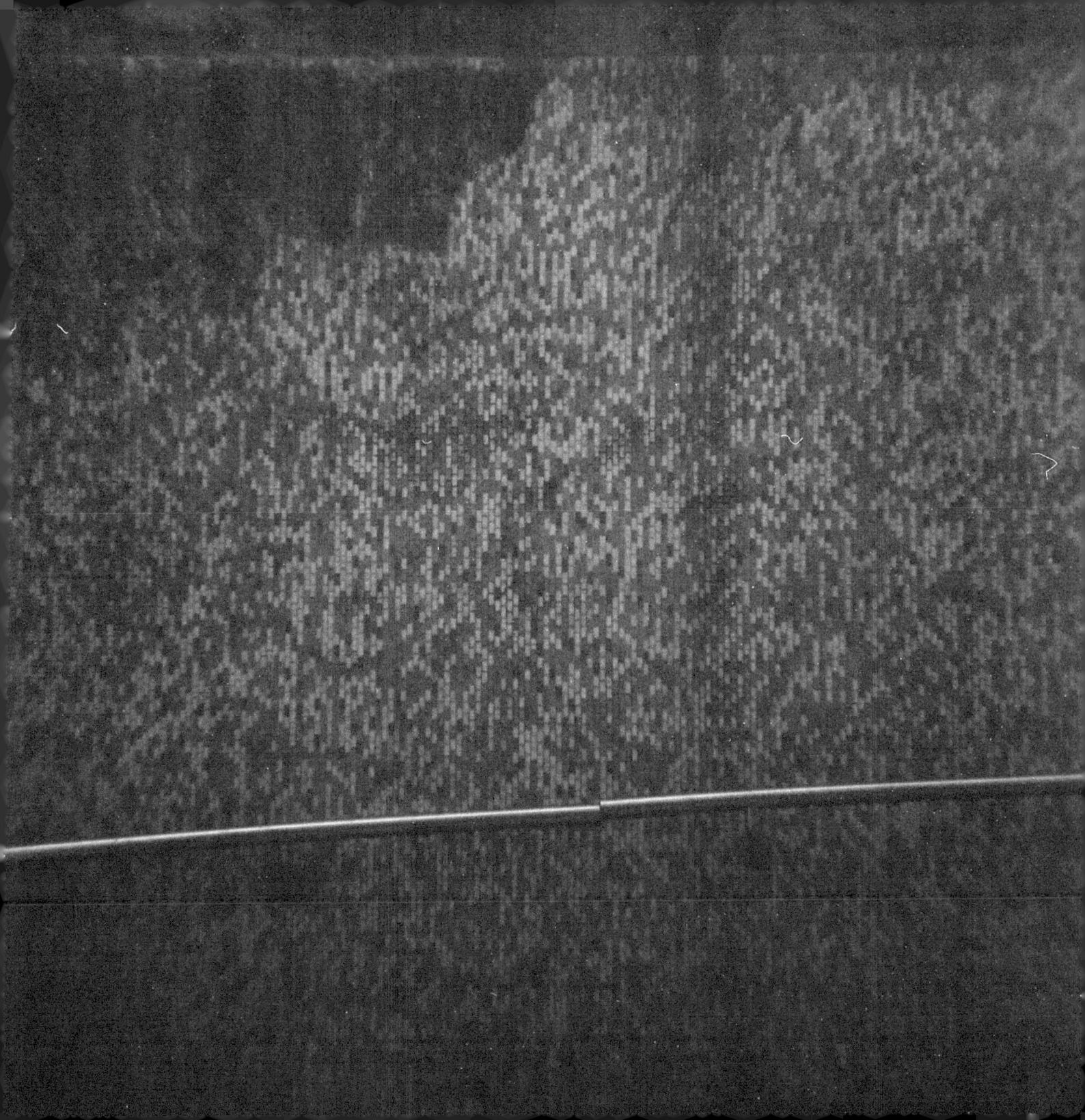

invisible mountains . . .
a heroin addict
peels a banana

sléibhte dofheicthe . . .
baineann andúileach hearóin
an craiceann de bhanana

tá deora m'athar feicthe agam . . .
coirníní ómra
ar bhruacha i gcéin

i have seen my father's tears . . .
beads of amber
on faraway shores

a rósmhéara fuara na camhaoire
beirigí greim scrogaill anois
orm

cold rosy-fingered dawn
grab me now
by the throat

18 September 2015.

Underpass, Castle Street, Oxford. Ross McKessock sits, listening, underneath the road sandwiched between City Council offices and the ongoing construction of a new shopping centre. Passers-by encounter him duetting with wheezing buses, heckling onlookers, and the ambient sounds of Oxford. He improvises musically with his upright piano.

It is part of an ongoing artistic practice that has also seen him searching the city's Cornmarket Street with 5-foot-wide home-made antennae, revealing the hidden noise of the high street chains' security systems and cash machines. This electromagnetic induction sonification opens a sonic dialogue with his environment further as he navigates his own territory.

He drags his piano around the city, pulling his audience closer in, encouraging and inviting them to listen. Framing our relationship with this place in a different way, like some sort of clairvoyant, spiritual busker.

10 September 2016.

Glenageary, Dún Laoghaire, Co. Dublin. Gabriel Rosenstock composes a series of 40 haiku in Irish and English, in response to an audio recording of McKessock's underpass event. Inspired by the image or trope of Orpheus in the underworld, Rosenstock composes *Orpheus in the Underpass*, a *rensaku* or haiku sequence:

cén áit í seo . . .   what place is this . . .
gan radharc ar dhair   not an oak tree in sight
ar shnag breac   nor a magpie

The history of haiku shows us that the genre becomes stale, irrelevant, uninspiring and repetitive once it becomes still. It must be on the move, as Basho, Issa and Santoka once were. They are still moving, those haiku masters, constantly and in an unpredictable fashion.

gan réalt   no stars here
gan ghrian gan ré   no sun no moon
bhain sí soir díom agus bhain sí siar díom   she has taken east and west from me . . .

Mathew Staunton, Editor of The Onslaught Press is proud to bring you this collaboration between the two artists. This first edition of an ongoing multimedia collaboration explores the shared European identity bound in the mythology of Orpheus and through the underpass.

Save the
bridge under
castle street!

SAVE DOOR!!

www.ingramcontent.com/pod-product-compliance
Lightning Source LLC
Chambersburg PA
CBHW041958100426
42813CB00019B/2921